Der Sonntagskuchen

von NDR 1 Radio MV

Der Sonntagskuchen
von NDR 1 Radio MV

vorgestellt von
Kerstin Hohendorf

und fotografiert
von Christine Becker

HINSTORFF

Die Deutsche Bibliothek – CIP-Einheitsaufnahme
Hohendorf, Kerstin:
Der Sonntagskuchen von NDR 1 Radio MV / vorgestellt von Kerstin Hohendorf
und fotogr. von Christine Becker. [Hrsg. : Norddeutscher Rundfunk]. -
2. Aufl.. - Rostock : Hinstorff, 2002
ISBN 3-356-00924-9

Das Buch „Der Sonntagskuchen von NDR 1 Radio MV" ist nach der gleichnamigen Radioserie entstanden.

Herausgeber: Norddeutscher Rundfunk Landesfunkhaus MV
Idee und Konzeption: Kerstin Hohendorf
Fotos: Christine Becker
Beratung und Unterstützung:
Ekhard Ragotzki – NDR MEDIA GMBH, Monika Muth – NDR Landesfunkhaus Mecklenburg-Vorpommern, Bärbel Mundt – HINSTORFF Verlag

2. Auflage 2002
Reproduktion: a bis z – Publishing Leipzig
Druck und Bindung: Neumann & Nürnberger, Leipzig

Printed in Germany
ISBN 3-356-00924-9

Vorwort und Dank

Seit mehr als zwei Jahren stellen wir bei uns im Programm den „NDR 1 Radio MV Sonntagskuchen“ vor. Die Serie am Sonntagvormittag entwickelte sich schnell zum wahren Renner – das haben wir Ihnen zu verdanken, den Hörerinnen und Hörern von NDR1 Radio MV, die uns ihre Lieblingsbackrezepte und Backgeheimnisse zuschickten.
Kerstin Hohendorf, Reporterin bei NDR 1 Radio MV, reiste durchs ganze Land und schaute beim Backen zu. Und manchmal schien es den Hörerinnen und Hörern, als strömte der köstliche Duft von frischem Kuchen wirklich aus dem Radio.
Kein Wunder also, dass uns oft Hunderte von Anfragen erreichen und die NDR 1 Radio MV Internetseite regelmäßig und zahlreich wegen der Rezepte besucht wird.
Schnell war die Idee geboren, ein praktisches Buch mit phantasievollen und doch einfachen Backrezepten herauszubringen, an denen sich selbst Backanfänger mit großem Spaß versuchen werden.

Viel Vergnügen beim Backen und Genießen!
Thorsten Nitz
Redaktion Magazine/Unterhaltung
NDR 1 Radio MV

Alle Sonntagskuchen-Rezepte, die wir in diesem Buch vorstellen, wurden von den Mitarbeitern der „Classic Conditorei Röntgen“ in Steffenshagen nach den Originalrezepten unserer NDR 1 Radio MV Hörer gebacken. Unser besonderer Dank gilt der Konditoreimeisterin Kristin Möller. Die gebürtige Kühlungsbornerin stand uns stets zur Seite und hatte noch so manch patenten Profitipp parat. Gemeinsam mit Frank Valentin hat sie den NDR 1 Radio MV Sonntagskuchen kreiert. Christine Becker, die auch schon für unser Kochbuch „Der Topfgucker des Nordmagazins auf N3“ fotografierte, hat hier wieder ihr künstlerisches Können unter Beweis gestellt und alle Kuchen liebevoll ins rechte Licht gerückt. Die Firma Kiwitt „The house of Villeroy & Boch“ aus Schwerin stellte uns für die Fotoaufnahmen kostenlos Tafelgeschirr, Tischwäsche und Dekor zur Verfügung. Unser Dank gilt natürlich insbesondere allen Hörern, die uns ihr Sonntagskuchen-Rezept zugeschickt haben. Wir wünschen allen Lesern viel Spaß bei der Zubereitung der süßen Leckereien.

Inges Ideal-Torte

Zutaten für den Boden:

125 g Mehl, 50 g Zucker,
50 g Margarine, 1 Ei, 1 Tl Backpulver

Zubereitung:

Zutaten verrühren und in gefettete Springform hineindrücken.

Zutaten für die Füllung:

400 g Quark, 4 Eigelb, 150 g Zucker,
Saft und Schale einer Zitrone
1 Vanillepudding, 1/2 Liter Milch

Alle Zutaten miteinander verrühren. Masse ist sehr flüssig! Deshalb den Teigrand sehr hochziehen!
Füllung auf den Boden geben.

Bei 180 Grad gut 50 Minuten abbacken.

In der Zwischenzeit:

4 Eiweiß, 100 g Zucker, 1 Prise Salz

steif schlagen und auf den heißen Kuchen geben.

Nochmals für 5 Minuten in den Ofen.

Der Profi-Backtipp:

Falls Ihre Backform nicht mehr ganz schließt oder schon etwas undicht ist, stellen Sie den Kuchen auf ein mit Backpapier ausgelegtes Backblech. Erspart langes Saubermachen!

❖ *Dieses Rezept schickte uns Inge Thiel aus 18106 Rostock.*

Ostseewellentorte

Sie brauchen zwei 26/28-er Springformen.

Zutaten für Teig:	Zubereitung:
125 g Butter, 125 g Zucker, 150 g Mehl, 2 Tl Backpulver, 1 Vanillezucker, 4 Eigelb, 3 El Milch	zu einem glatten Teig verrühren. In gleiche Hälften teilen und in die Springformen füllen. Dann
4 Eiweiß, 200 g Zucker	steif schlagen und in zwei gleiche Hälften teilen und auf die Teighälften streichen. Nun
100 g gehobelte Mandeln	zu gleichen Teilen darüber streuen.

Bei 170 bis 180 Grad ca. 20 bis 25 Minuten goldgelb backen. (Umluft)

Zutaten für die Füllung:	
Saft von 3 Zitronen, 1/8 Liter Wasser, 100 g Zucker, 3 El Speisestärke	miteinander glattrühren, aufkochen und erkalten lassen. Jetzt
2 Becher süße Sahne (je 250 g)	steif schlagen und unter die erkaltete Masse heben.

Die Zitronen-Sahnemasse auf den 1. Boden streichen. Den 2. Boden als Deckel aufsetzen.

Der Profi-Backtipp:

Damit die Eiweißmasse für die Baiserböden schön steif wird, eine Prise Salz zum Eiweiß geben.

❖ *Dieses Rezept schickte uns Lotte-Lore Waldenburger aus 23970 Wismar.*

Apfel-Sangria-Torte

Zutaten für den Teig:

100 g Margarine, 100 g Zucker, 200 g Mehl, 1 Ei, 1 Vanillezucker; 1/2 Backpulver

Zubereitung:

Aus den Zutaten einen Teig rühren. Eine Springform damit auskleiden. Den Rand schön hoch ziehen.

Zutaten für die Füllung:

Gut 750 g saure Äpfel

schälen und in kleine Stücke schneiden. Die Springform dicht an dicht auslegen.

Knapp 700 ml Sangria, 250 g Zucker, 2 Vanillepudding

Sangria abmessen – mit Zucker und Pudding aufkochen. Etwas abkühlen lassen und über die Äpfel gießen.

Den Kuchen bei 180 Grad gut 60 Minuten backen.
Zum Schluss einen Becher Sahne schlagen und auf den erkalteten Kuchen streichen und mit Schokoraspeln dekorieren.

Der Profi-Backtipp:

Die Torte sieht noch festlicher aus, wenn Sie in die Mitte ein Rosendekor setzen.

❖ *Dieses Rezept schickte uns Sabine Kleinfeld aus 18209 Bad Doberan.*

Susis Rotweinkuchen

Zutaten:	Zubereitung:
200 g Butter	mit
200 g Zucker	und
4 Eigelb	glattrühren. Dann
1 Vanillezucker, *1 Tl Zimt, 1 Tl Kakao*	dazugeben.
250 g Mehl	sieben und
1 Backpulver	dazugeben und nach und nach unter die Masse heben. Nun
1/8 Liter Rotwein, *100 g Schokostreusel*	unterheben und gut verrühren. Jetzt
4 Eiweiß	steif schlagen und vorsichtig dazugeben.

Teigmasse in Backform füllen. Bei 180 Grad rund 45 bis 60 Minuten backen.

Der Profi-Backtipp:

Versuchen Sie Susis Rotwein-Kuchen doch mal als Blechkuchen und nehmen Sie statt Rot- Weißwein.

❖ *Dieses Rezept schickte uns Susi Wolf aus 17429 Reetzow.*

Sanddorntorte

Zutaten:	Zubereitung:
1 Gelatine	nach Anleitung auflösen und mit
150–200 g Zucker	in
400 ml	warmen Sanddornsaft rühren. Erkalten lassen.

Zutaten für Biskuit-Teig:	
5 Eigelb, 3–4 El warmes Wasser, 125 g Zucker	zu einer cremigen Masse schlagen. Dann
75 g Mehl, 50 g Speisestärke, 1 Tl Backpulver	vorsichtig unterheben. Nun
5 Eiweiß	steif schlagen und vorsichtig unter die Eigelbmasse heben.

Masse auf ein mit Alu-Folie ausgelegtes und mit Öl bestrichenes Backblech geben und für ca. 15 Minuten bei 200 Grad goldgelb backen. Biskuit auf ein mit Zucker bestreutes Geschirrtuch stürzen. Folie abziehen. Platte in 4 gleiche Streifen schneiden. Wenn die Sanddornmasse fest, aber noch nicht ganz steif ist, auf einen Biskuitstreifen streichen, einen zweiten darauflegen. Das Ganze wiederholen, so dass man zwei längliche Tortenstücke erhält. Zum Schluss mit geschlagener Sahne garnieren und Mandeln darüber streuen. Oder mit Kirschen ausdekorieren. Kühl stellen.

Der Profi-Backtipp:

Ein „urgesunder“ Kuchen, denn Sanddorn enthält viel Vitamin C. Verwenden Sie deshalb möglichst unverdünnten Sanddornsaft mit 100% Fruchtanteil.

❖ *Das Rezept schickte uns Christel Plaumann aus 18119 Warnemünde.*

„Blitz“-Mandelkuchen

Zutaten für Boden:	Zubereitung:
1 Becher süße Sahne	mit
4 Eiern,	
1 Tasse Zucker,	
2 Tassen Mehl,	
1 Vanillezucker	und
1 Backpulver	verrühren.

Auf ein gefettetes Backblech geben.
Bei 180 Grad 10 bis 15 Minuten backen.

Zutaten für Belag:	
125 g flüssige Butter	mit
1 Tasse Zucker,	
200 g Mandelblättchen oder	
200 g Kokosraspel	und
4 – 5 El Milch	verrühren.

Auf den gebackenen und noch heißen Boden verteilen und noch einmal 10–15 Minuten backen.

Der Profi-Backtipp:

Servieren Sie den „Blitzkuchen“ noch warm. Ihre Gäste werden sich „alle zehn Finger danach lecken“!

❖ *Dieses Rezept schickten uns Emmi und Jochen Laser aus 23970 Wismar.*

Zitronentorte

Zutaten für Biskuitboden: | Zubereitung:

3 Eigelb, 100 g Zucker,
3–4 El heißes Wasser

schaumig schlagen, solange bis eine dicke Masse entsteht. Dann

3 Eiweiß, 1 Prise Salz,
1 El Zucker

steif schlagen und unter die Eigelbmasse heben. Nun

100 g Mehl, 100 g Speisestärke sowie 3/4 Backpulver

auf die Masse sieben und vorsichtig unterheben.

Teigmasse in Springform geben.
Bei 160–180 Grad ca. 25–35 Minuten backen. Nach dem Auskühlen zweimal durchschneiden, so dass insgesamt 3 Böden entstehen.

Zutaten für Zitronencreme: | Zubereitung:

2 Tassen Zucker, 2 Eier,
Saft und Schale einer Zitrone

schaumig rühren.

2 Tassen Wasser, 1 gehäuften Tl Kartoffelmehl

miteinander verrühren und

in einen Kochtopf geben und unter ständigem Rühren aufkochen lassen. Vorsicht: Brennt leicht an! Dann die Zucker-Ei-Zitronen-Masse dazugeben, aufkochen lassen, solange bis die Masse schön dick ist. Erkalten lassen.

	Danach
250 g Butter	schaumig rühren (Mixer). Erkaltete Zitronenmasse dazugeben. Dann
1–2 El Kokosfett	unter die Masse rühren.

Die Crème auf die abgebackenen Biskuitböden streichen, auch die Seiten mit der Zitronenmasse bestreichen. Zum Schluss mit Krokant verzieren.

Der Profi-Backtipp:
Garnieren Sie jedes Kuchenstück mit einer halben Zitronenscheibe aus. Vorher in klaren Tortenguß getaucht, glänzt sie schön.

❖ *Dieses Rezept schickte uns Edith Temmen aus 18249 Warnow.*

QUARK-KRÜMELKUCHEN

Zutaten:

1 Vanillepudding

4 kleine Dosen Mandarinen

Zubereitung:

nach Anleitung kochen und etwas abkühlen lassen.

öffnen und gut abtropfen lassen.

Zutaten für Teig:

125 g Zucker, 125 g Margarine,
1 Ei, 350 g Mehl, 1 Prise Salz,
1 Vanillezucker, 1/2 Backpulver

Alle Zutaten in eine große Rührschüssel geben und vermischen. Mit den Händen kleine Krümel machen.

Krümel auf ein gut eingefettetes Backblech geben, gleichmäßig verteilen und mit den Händen leicht andrücken.

Zutaten für Quarkmasse:

1 kg Magerquark, 3 Eier, 1 Tasse Öl,
125 g Zucker, 2 Vanillezucker
Zitronensaft

zu einer glatten Masse verrühren. Mit abschmecken. Pudding unterheben.

Quarkmasse auf Krümelteig verteilen. Darüber die abgetropften Mandarinen geben.

Zutaten für Streusel:

200 g Kokosraspel, 100 g Margarine,
100 g Zucker, 1 Vanillezucker, 1 El Mehl

Alle Zutaten gut vermischen. Mit den Händen kleine Krümel machen.

Streusel über die Mandarinen geben. Bei 180 Grad ca. 50 bis 60 Minuten backen.

DER PROFI-BACKTIPP:

Für diesen Kuchen können Sie auch Pfirsiche, Kirschen o. a. Obst verwenden.

❖ *Dieses Rezept schickte uns Renate Rüter aus 18279 Langhagen.*

SOEHNLE

Fräulein Poldys Schokoladenbrot

Zutaten:	Zubereitung:
5 Eier	trennen. Eischnee steif schlagen.
1 Tafel Vollmilchschokolade	zerkleinern und im Wasserbad schmelzen. Dann
5 Eigelbe, 90 g Zucker, 1/2 Tl Zimt, 1/2 Vanilleschote (ausgekratzt), 1/2 Tl Salz, geriebene Schale einer halben Zitrone	schaumig rühren.

Nun die geschmolzene Schokolade in die Masse einrühren.

100 g gemahlene Mandeln, 100 g Mehl und 50 g weiche Butter	unterheben. Jetzt noch einmal
90 g Zucker	dazugeben und den Eischnee mit einem Kochlöffel unterheben.

Die Teigmasse in eine gefettete Kastenform geben.
Bei 180 Grad ca. 40 bis 50 Minuten backen.
Mit Puderzucker bestäuben oder mit Schokoglasur verzieren.

Der Profi-Backtipp:

Achten Sie darauf, dass die geschmolzene Schokolade nur warm ist, wenn sie zur Eigelbmasse gegeben wird. Ist sie zu heiß, gerinnt die Masse.

❖ *Dieses Rezept schickten uns Beate und Carla Dietrich aus 19061 Schwerin.*

Nusstorte

Zutaten für Teig:	Zubereitung:
300 g Margarine	mit
250 g Zucker, 6 Eier, 200 g Mehl, 200 g gemahlene Haselnüsse, 1 Vanillezucker, 1 Backpulver	verrühren, einen Rührteig ansetzen. Am besten am Vortag.

Bei 200 Grad ca. 60 Minuten backen und ganz auskühlen lassen.

Am nächsten Tag den Kuchen mit einem Löffel aushöhlen. Dabei einen 2–3 cm breiten Rand stehen lassen. Der Boden sollte ca. 2 cm dick sein.
Die ausgehöhlte Kuchenmasse in eine große Schüssel geben und zerkrümeln.

Zutaten für Füllung:	
3 Becher süße Sahne, 1 Vanillezucker;	steif schlagen. Dann
100 g geraspelte Zartbitterschokolade	dazugeben. Einige Raspel übrigbehalten.

Zerkrümelte Kuchenmasse mit Sahne-Schoko-Masse vermischen.
In den ausgehöhlten Kuchen geben. Mit einem Messer glattstreichen und mit Schokoraspel verzieren.
Vor dem Servieren ca. 1 Stunde kühlen.

Der Profi-Backtipp:

Wenn nur ganze Haselnüsse im Haus sind, können Sie sie ganz einfach mit der Kaffeemühle feinmahlen.

❖ *Dieses Rezept schickten uns Lore und Klaus Beyer aus 19374 Kladrum.*

Zebra-Kuchen

Zutaten:	Zubereitung:
5 Eigelb, 250 g Zucker, 1 Vanillezucker, 125 ml lauwarmes Wasser, 250 ml Speiseöl	in eine Schüssel geben und gut verrühren. Dann
375 g Mehl, 1 Backpulver	dazugeben und alle Zutaten zu einem glatten Teig verarbeiten. Nun
5 Eiweiß	steif schlagen und vorsichtig unterheben.
2 Tropfen Rumaroma	dazugeben. Jetzt den Teig halbieren.
2 El Kakao	zu der einen Hälfte geben und verrühren. So hat man schließlich einen dunklen und einen hellen Teig.

Eine 28-er Springform gut einfetten. Dann einen Teelöffel hellen Teig in die Mitte setzen. Darauf einen Esslöffel dunklen Teig, dann wieder einen Esslöffel hellen Teig usw. Die Teigkleckse immer aufeinander setzen, so, als sollte ein Turm entstehen. Der Teig verläuft spiralförmig in der Form!

Bei 180 Grad gut 60 Minuten backen. Auf den lauwarmen Kuchen Guss streichen.

	Dafür
150 g Puderzucker, 3 bis 4 El Wasser und 2 Tropfen Rumaroma	vermischen.

Der Profi-Backtipp:

Der Zebrakuchen lässt sich prima einfrieren.

❖ *Dieses Rezept schickte uns Heidi Möller aus 17166 Groß Wokern.*

Zuckerkuchen

Zutaten:

100 g Zucker

2 Eier, 200 g saure Sahne,
200 g Mehl , 1 Backpulver

Zubereitung:

mit

verrühren, am besten mit einem Kochlöffel.

Ein Backblech einfetten und mit Semmelbrösel bestreuen.
Den flüssigen Teig auf das Backblech gießen und gut verteilen.

Bei 180 Grad ca. 8 bis 10 Minuten goldgelb backen.
Danach den Backofen öffnen (Blech nicht ganz herausnehmen) und Butterflöckchen und Zucker (je nach Geschmack) auf den Teig verteilen und noch einmal ca. 8 bis 10 Minuten backen.

Der Profi-Backtipp:

Der Zuckerkuchen ist in wenigen Minuten fertig und eignet sich besonders für Backanfänger.

❖ *Dieses Rezept schickte uns Annelies Seidel aus 17235 Neustrelitz.*

Engelkuchen

Zutaten:	Zubereitung:
1 1/2 Tassen Zucker	mit
65 g Margarine, 1 Ei, *2 Tassen Mehl, 2 El Kakao,* *1 Tasse saure Sahne,* *1 Tl Natron, 2 Vanillezucker*	und der
Schale einer abgeriebenen Zitrone	sorgsam verrühren.

Der Teig kommt in eine gefettete Kastenform.
Bei 180 Grad 50 bis 60 Minuten backen.

Der Profi-Backtipp:
Mehl sieben, dadurch wird der Kuchen besonders locker.

❖ *Dieses Rezept schickte uns Heidrun Engel aus 17154 Neukalen.*

Nuss-Sahne-Torte

Zutaten für den Boden:

4 Eiweiß steif schlagen.
In einer anderen Schüssel

4 Eigelb, 100 g Zucker schaumig schlagen.

50 g Schokoraspel und
100 g gemahlene Haselnüsse zur Eigelbmasse dazugeben.
Nun vorsichtig die Eiweiß-Masse unterheben.

Die Teigmasse in eine gut gefettete Obst-Tortenform geben.
Bei 180 Grad ca. 20 bis 30 Minuten backen.
Den fertigen Boden sofort stürzen und auskühlen lassen. Dann mit Eierlikör dünn bestreichen.

Zutaten für den Belag:

3 Becher Sahne,
3 Sahnesteif,
etwas Puderzucker schön steif schlagen.

Die Sahne löffelweise in „kleinen Wölkchen" auf den Boden verteilen.
Zum Verzieren gibt man Eierlikör und flüssige Schokoglasur tröpfchenweise über die Sahnemasse.

Der Profi-Backtipp:
Die Torte schmeckt frisch gekühlt am besten.

❖ *Dieses Rezept schickte uns Christel Schriever aus 17235 Neustrelitz.*

Buttermilchkuchen

Als Maß eine Kaffeetasse benutzen! Die Größe entscheidet, ob es ein Kasten- oder Blechkuchen wird.

Zutaten:	Zubereitung:
2 Tassen Buttermilch	mit
250 g Butter (weich), *3 Eier, 1 Vanillezucker,* *2 Tassen Zucker, 4 Tassen Mehl,* *4 El Kakao, 2 Tl Natron*	der Reihe nach verrühren.

Die Teigmasse in eine Kastenform geben oder auf ein Backblech streichen. Als Belag eignen sich gut abgetropfte Kirschen, Mandarinen oder Pfirsiche.

Bei 180 Grad ca. 50 Minuten backen.

Der Profi-Backtipp:

Sie können auf den abgekühlten Kuchen Zuckerguss geben. So hält er sich noch länger.

❖ *Dieses Rezept schickte uns Erika Pahl aus 17087 Altentreptow.*

Wattekuchen

Zutaten für Teig:	Zubereitung:
250 g Zucker	mit
5 Eigelb,	
250 g Mehl,	
1 Backpulver	und
4 El Wasser	zu einem glatten Teig verrühren. Dann
5 Eiweiß	steif schlagen und unterheben.

Den Teig auf ein gut gefettetes Backblech geben.

Bei 180 bis 200 Grad ca. 20 Minuten backen.

Zutaten für Puddingcreme:	
1 Vanille-Pudding,	
1/2 Liter Milch	Pudding nach Anweisung kochen. Mit
1 Prise Zucker	abschmecken. Dann in den heißen Pudding
150 g Butter und etwas Kokosfett	einrühren.

Heiße Puddingmasse auf den heißen Kuchen streichen.

200 g süße Mandeln mit 200 g Butter und 200 g Zucker in einer Pfanne rösten. Anschließend auf den Kuchen verteilen.

Der Profi-Backtipp:

Haben Sie kein Kokosfett zur Hand, nehmen Sie etwas mehr Butter.

❖ *Dieses Rezept schickte uns Annemarie Wittmann aus 23936 Grevesmühlen.*

Quark-Öl-Teig

Dient als Grundlage für Streusel- und Obstboden.

Zutaten:	Zubereitung:
250 g Quark	mit
100 g Zucker,	
1 Vanillezucker,	
1/2 Backpulver,	
1 Ei, 6 El Milch,	
8 El Sonnenblumenöl	verrühren. Dann
400 g Mehl	hinzugeben und einen glatten Teig daraus machen.

Teig auf ein gefettetes Backblech geben und mit Obst belegen.
Bei 180 Grad ca. 30 bis 40 Minuten backen.

Als Obst eignen sich Äpfel, Pflaumen, Aprikosen, Rhabarber etc.
Auch Butterstreusel schmecken prima.

Der Profi-Backtipp:
Ein Grundrezept, das in jeden Haushalt gehört.

❖ *Dieses Rezept schickte uns Luzie Geyer aus 19294 Eldena.*

Rahm-Streusel-Kuchen

Der Hefeteig reicht für 2 Backbleche.

Zutaten für Hefeteig:

500 g Mehl, 125 g Zucker,
1 Prise Salz, 80 g Margarine,
42 g Hefe (1 Würfel),
125 ml lauwarme Milch

Zubereitung:

Alle Zutaten in eine Schüssel geben und gut mit den Händen verkneten.

Den Teig gut 30 Minuten gehen lassen. Dann den Teig nochmals durchkneten. Nun ausrollen und auf ein gut eingefettetes Backblech geben. Mit einer Gabel mehrmals einstechen. Danach den Teig mit Wasser einstreichen (mit Backpinsel).

Zubereitung der Streusel:

250 g Margarine, 350 g Mehl,
200 g Zucker, 1 Vanillezucker,
1 Messerspitze Backpulver

Alle Zutaten miteinander vermengen. Zu Streuseln zerzupfen.

Streusel auf den Teig geben.

Bei 200 Grad gut 30 Minuten backen.

250 g Sauerrahm mit einem Teelöffel auf den warmen Kuchen geben und noch einmal für 5 bis 10 Minuten in den Backofen.

Zum Schluss eventuell mit Puderzucker bestäuben.

Der Profi-Backtipp:

Wenn Sie die Hefe mit der Milch vermischen, achten Sie darauf, dass sie nur handwarm, nicht wärmer als 26 Grad, ist.

❖ *Dieses Rezept schickte uns Familie Tieg aus 19273 Neuhaus an der Elbe.*

Leichte Käsetorte

Einen Obstboden kaufen oder selbst backen.
Sie brauchen außerdem einen Tortenring und Dosenobst (Mandarinen, Ananas, Kirschen).

Zutaten für Quarkmasse:	Zubereitung:
1 Gelatine	nach Anleitung in Wasser quellen lassen. In der Zwischenzeit
500 g Quark, *250 g Zucker,* *3 Eigelb*	schaumig rühren bis sich der Zucker gelöst hat. Dann
Saft und Schale einer abgeriebenen Zitrone	dazugeben.
3 Eiweiß	steif schlagen und
1/4 Liter süße Sahne	steif schlagen. Beides vorsichtig in die Quarkmasse rühren.

Um den Tortenboden den Tortenring (Manschette) legen. Früchte auf dem Boden verteilen.
Die Quark-Sahne-Mischung darüber geben. Im Kühlschrank schnittfest werden lassen.
Vor dem Servieren den Tortenring entfernen und Torte nach Wunsch ausdekorieren.
Mit Sauerkirschen schmeckt die Käsetorte besonders gut.

Der Profi-Backtipp:

Blatt-Gelatine muss in kaltem Wasser eingeweicht und anschließend ausgedrückt werden.

❖ *Dieses Rezept schickte uns Helga Wentzki aus 18273 Güstrow.*

Wasserpretzel

Zutaten für Hefeteig:

42 g Hefe (1 Würfel)
500 g Fett (250 g Margarine,
250 g Schmalz),
1 1/2 kg Mehl (etwas zurück behalten),
7 Eier, 1/4 Liter Milch

Zubereitung:

Aus allen Zutaten einen Hefeteig ansetzen und gut durchkneten. Einen Laib formen.

Den Laib legt man in eine große Schüssel mit lauwarmem Wasser.
Der Teig sinkt zunächst nach unten. Kommt er nach oben, ist er gut und kann weiterverarbeitet werden. Achtung: Der Teig ist sehr glitschig.
Restmehl dazugeben und verkneten. Ca. 1 Stunde lang. Den Teig „werfen". Dadurch wird er schön locker. Nun

1 Zitronat,
1 Tüte Rosinen,
3/4 Pfund Zucker

dazugeben und verkneten.

Aus dem Teig einen Laib formen und auf ein gefettetes Backblech legen. Mit einer Tüte geschnittenen Mandeln bestreuen.

Bei 180 Grad ca. 1 1/4 Stunden backen.
Nach dem Abkühlen mit Zuckerguss bestreichen.

Der Profi-Backtipp:

Wenn Sie zum Zuckerguss ein paar Spritzer Zitronensaft hinzugeben, bricht er nicht so schnell.

❖ *Dieses Rezept schickte uns Brigitte Rühl aus 17358 Torgelow.*

Schüttelkuchen

Für diesen Kuchen brauchen Sie eine große Rührschüssel mit Deckel.
Ist keine zur Hand, können Sie den Kuchen auch rühren.

Sie brauchen außerdem einen fertigen oder selbst gebackenen Tortenboden sowie den Ring einer Springform oder eine Manschette.

Zutaten:

2 Becher Schlagsahne,
2 Sahnesteif,
2 Paradiescrème Vanille,
2 Dosen Mandarinen mit Saft

Zubereitung:

Alle Zutaten in eine große Rührschüssel geben.
Deckel drauf und schütteln oder mit dem Schneebesen gut verrühren.

Um den Tortenboden eine Manschette legen. Sahne-Mandarinen-Masse darauf geben und etwas glattstreichen.
Mit Schokoraspel dekorieren. Kuchen in den Kühlschrank stellen.

Der Profi-Backtipp:

Schlagsahne sollte immer gut gekühlt verarbeitet werden.
Der Schüttelkuchen schmeckt frisch aus dem Kühlschrank einfach wunderbar!

❖ *Dieses Rezept schickte uns Edeltraud Dabel aus 18510 Elmenhorst.*

Schmandtorte

Zutaten für den Boden:

100 g Butter,
3 Eier, 100 g Zucker,
100 g Mehl, 1 Prise Salz,
1 Tl Backpulver

Zubereitung:

Alle Zutaten gut verrühren.

Teigmasse in eine gut eingefettete Springform geben.

Bei 180 Grad ca. 25 Minuten goldgelb abbacken. Kann am Vortag erledigt werden. Kuchen auch nach dem Abkühlen in der Form lassen.

Zutaten für Füllung:

3 Dosen Mandarinen

gut abtropfen lassen. Saft zurück stellen. Dann

3 Becher Schmand (je 200 g)
3 El Zucker,
2 Vanille-Paradies-Crème

verrühren.

Schmandmasse auf den Boden in der Springform geben.
Mandarinen darauf legen.
1 Tütchen „Klaren Tortenguss“ nach Anweisung aufkochen. Dazu Mandarinensaft verwenden.
Tortenguss über die Mandarinen geben. Die Torte kurze Zeit in den Kühlschrank stellen.
Zur Schmandtorte süße Sahne reichen.

Der Profi-Backtipp:

Sie können auch erst die Früchte auf den Boden legen, dann die Schmandmasse darüber geben und anschließend mit Zimtzucker abstreuen. So bekommt der Kuchen ein neues Gesicht.

❖ *Dieses Rezept schickte uns Christa Bohnhorst aus 18249 Tarnow.*

Obstboden

Zutaten:

6 El Öl, 3 El Zucker,
2–3 Eier, 1 Vanillezucker,
1/2 Backpulver, 2 El Milch,
1 Tasse Mehl

Zubereitung:

Alle Zutaten mit dem Mixer verrühren.

Obstbodenform gut einfetten. Teig hineingeben.
Bei 180 Grad 8 bis 10 Minuten backen (goldgelb).

Der Profi-Backtipp:

Sofort nach dem Backen aus der Form stürzen. Nach dem Erkalten kann der Boden mit frischem Obst der Saison oder mit Dosenobst belegt werden.

❖ *Dieses Rezept schickte uns Margot Heckel aus 19061 Schwerin.*

Feiner Apfelkuchen

Zutaten:	Zubereitung:
150 g weiche Butter	mit
3–4 Eier, 150 g Zucker,	
200 g Mehl, 1 1/2 Tl Backpulver	und
2 El Milch	zu einem glatten Teig verarbeiten.

Teig in eine gefettete Springform geben.

5 mittelgroße Äpfel	schälen und in Spalten schneiden.

Den Teig mit den Apfelspalten dicht an dicht belegen.
Mit 1 Vanillezucker bestreuen.

Bei 180 Grad ca. 40 bis 50 Minuten backen.

Dann den Kuchen mit 2 El Zucker bestreuen und löffelweise 100 g flüssige Butter darüber geben.

Noch einmal für 10 Minuten in den Ofen.

Der Profi-Backtipp:

Wählen Sie einen festen, säuerlichen Apfel (z. B. Boskop) aus.
Geben Sie Zimtzucker zum Schluss über die flüssige Butter. Das verleiht dem Kuchen eine besondere Note. Auch 2 bis 3 El Calvados (franz. Apfelschnaps) eignen sich.

❖ *Dieses Rezept schickte uns Hannelore Brüning aus 19370 Parchim.*

Förstertorte

Zutaten:	Zubereitung:
100 g Butter, 200 g Zucker, 3 Eigelb	verrühren. Dann
100 g gemahlene Haselnüsse, 3 El Kakao, 3 El Mehl, 2 Tl Backpulver	dazugeben.
3 Eiweiß	steif schlagen und vorsichtig unterheben.

Den Teig in eine gefettete Springform geben.

Bei 180 bis 200 Grad gut 30 Minuten backen.

Den Boden auskühlen lassen. Dann 1 Glas Preiselbeeren auf den Boden streichen.
1 Becher Sahne steif schlagen und auf die Preiselbeeren streichen.
Mit Schokoraspel dekorieren.

Der Profi-Backtipp:
Wenn Sie keine Preiselbeeren bekommen, nehmen Sie eingedickte Kirschen.

❖ *Dieses Rezept schickte uns Edeltraud Lueg aus 17252 Mirow.*

Der NDR 1 Radio MV Sonntagskuchen

Zutaten:	Zubereitung:
330 g Butter	mit
330 g Zucker, 1 Ei, *1 Vanillezucker,* *1 Prise Salz,* *Schale einer geriebenen Zitrone*	schaumig rühren. Dann
260 g Mehl, *1 Tl Backpulver*	nach und nach untergeben. Nun
100 g gemahlene Haselnüsse	dazugeben und alles zu einem glatten Teig verarbeiten.

Eine Sandkuchenform mit Semmelmehl ausstreuen und Teig hineinfüllen.

Bei 200 Grad ca. 45 bis 60 Minuten backen.

Mit der Oberseite nach unten auf ein Gitter stürzen und auskühlen lassen. Nach dem Abkühlen die Form abziehen.
Mit Fondant überziehen, dann eine Spirale aus Schokolade ziehen und mit einem Messer nach außen ziehen. Den Kuchen mit gerösteten Mandeln umrändern.

Der Profi-Backtipp:

Verschönern Sie den NDR 1 Radio MV Sonntagskuchen nach Herzenslust!

❖ *Der NDR 1 Radio MV Sonntagskuchen wurde kreiert von Kristin Möller und Frank Valentin, „Classic Conditorei Röntgen", in 18209 Steffenshagen.*

QUARKSTOLLEN

Zutaten:	Zubereitung:
500 g Mehl	mit
200 g Margarine,	
200 g Zucker,	
250 g Quark (20/40%Fett),	
2 Eiern,	
1 Backpulver,	
1 Vanillezucker,	
Schale einer abgeriebenen Zitrone,	
200 g Rosinen,	
100 g gehackten Mandeln	und
1 Zitronat	nach und nach verkneten.

Aus der Teigmasse zwei kleine Stollen formen.
Auf ein gefettetes Backblech legen.
Bei 180 – 200 Grad 50 bis 60 Minuten backen.

DER PROFI-BACKTIPP:
Die gehackten Mandeln vorher rösten, dadurch verstärkt sich der Geschmack. Bestreichen Sie den Stollen nach dem Abkühlen mit Fondant. Dadurch bleibt er länger frisch.

❖ *Dieses Rezept schickte uns Adelheid Steinfurth aus 18528 Bergen/Rügen.*

Baumkuchen

Sie brauchen eine kleine Springform (nicht größer als 24-er) und einen Backofen mit Oberhitze.

Zutaten:	Zubereitung:
250 g weiche Butter	mit
225 g Zucker,	
1 Vanillezucker	und der
Schale einer Zitrone	sowie
5 Eiern	gut verrühren. Dann
125 g Mehl, 125 g Speisestärke	dazugeben und wieder verrühren. Nun
75–100 g gemahlene Mandeln, 2 Tl Backpulver, 1–3 El Weinbrand, 2–3 El Schlagsahne	dazugeben, zu einem Teig verarbeiten.

Wenn Sie mögen, können Sie noch eine Prise Zimt hinzufügen. Backofen vorheizen und auf Oberhitze einstellen. Springform gut einfetten. Mit einer Schöpfkelle Teig abmessen (knapp voll) und damit den Boden der Springform ausstreichen. Der Boden muss komplett bedeckt sein. In den Backofen schieben und solange darin lassen, bis der Boden schön goldgelb ist.
Nun die nächste Schicht: Wieder mit der Schöpfkelle Teig abmessen und auf die bereits fertig gebackene Schicht geben (komplett bedecken). Wieder in den Backofen und goldgelb abbacken. Den Vorgang solange wiederholen, bis der Teig verbraucht ist. Den Baumkuchen abkühlen lassen und mit Schokoglasur überziehen.

Der Profi-Backtipp:
Sie können den Baumkuchen verfeinern, in dem Sie zur Teigmasse noch kleine Stückchen Marzipan geben.

❖ *Dieses Rezept schickte uns Gabi Glaser aus 17237 Groß Quassow.*

Honigkuchen

Zutaten:	Zubereitung:
1 kg Honig, 500 g Zucker, *250 g Margarine*	Alles in einem Topf erwärmen.

1 1/2 Tl Pottasche in ca. 5 El der obigen Masse auflösen.
Beides für sich abkühlen lassen.

1,5 kg Mehl, *50 g Kakao,* *1 Tl Zimt*	in einer großen Schüssel mischen. Dann
1 Gläschen Rum, *1 Pfefferkuchengewürz*	dazugeben.
3 Tl Hirschhornsalz *1/2 Tasse Milch*	in einer auflösen. Dann
3 Eier	dazugeben. Nun alles zum Teig geben und gut durchkneten.

Die Rührschüssel gut mit Alu-Folie abdecken. Den Teig mindestens einen Tag an einem kühlen Ort ruhen lassen (Teig hält sich kühl gelagert bis zu 6 Wochen).
Bei Bedarf entsprechende Menge abnehmen und Plätzchen ausstechen.
Bei 180 Grad ca. 10 bis 15 Minuten backen. Plätzchen können mit Mandeln, Walnüssen, Zuckerguss, Schokoglasur verziert werden. Der Honigkuchen sollte in Blechdosen oder abgedeckten Steintöpfen aufbewahrt werden.

Der Profi-Backtipp:

Statt Margarine Butter verwenden. Dadurch schmeckt der Honigkuchen noch „runder“.

❖ *Dieses Rezept schickte uns Inge Bomke aus 23923 Lockwisch.*

Mandelplätzchen

Zutaten für Teig:	Zubereitung:
300 g weiche Butter	mit
2 Eiern, 200 g Zucker	schaumig rühren. Dann
500 g Mehl, *1/2 Backpulver*	sieben und alles zu einem festen Teig verkneten. Dann
200 g ganze Mandeln	in den Teig einarbeiten.

Nun werden Rollen von ca. 3 cm Durchmesser geformt. Diese über Nacht kühl stellen. Mit einem scharfen Messer dünne Scheiben abschneiden und auf ein gefettetes Backblech legen.

Bei 180–190 Grad ca. 10 Minuten goldgelb backen.

Je dünner die Scheiben, desto krosser sind die Plätzchen.
In einer luftdichten Dose halten sich die Mandelplätzchen sehr lange.

Der Profi-Backtipp:

Geben Sie zur Teigmasse noch eine Prise Zimt und belegen Sie jedes Plätzchen zusätzlich noch mit einer ganzen Mandel.

❖ *Dieses Rezept schickte uns Veronika Gärtner aus 17291 Gramzow.*

Vanillekipferl

Zutaten für Teig:

140 g weiche Butter,
100 g geriebene Mandeln,
100 g Zucker,
200 g Mehl,
1 Tl Backpulver,
1 Vanillezucker,
1 Tl oder El Milch

Zubereitung:

Alle Zutaten miteinander verkneten.

Aus der Teigmasse Rollen formen. Durchmesser ca. 1–2 cm.
Von den Rollen Teigstückchen abschneiden und daraus Kipferl (Halbmonde) formen.
Auf ein gut gefettetes Backblech legen.
Bei 180 Grad ca. 10 Minuten goldgelb backen.
Die warmen Kipferl in einem Gemisch aus Puder- und Vanillezucker wälzen.
Die mürben Kipferl in einer luftdichten Dose aufbewahren.

Der Profi-Backtipp:

Da der Teig leicht bröselig ist, vor dem Verarbeiten für mindestens eine Stunde in den Kühlschrank legen.

❖ *Dieses Rezept schickte uns Olga Liedkte aus 23996 Bad Kleinen.*

UNSER KLEINES BACK-ABC

A wie Anis: Typisches Gewürz für Weihnachtsgebäck; stets sparsam verwenden.

B wie Backpulver: Das weiße Pulver ist ein Gemisch aus Natron, sauren Salzen und Trennmitteln. Lässt die Teigmasse aufgehen und lockert sie. Eignet sich für schwere Rührkuchen und Mürbeteige.
In Bioläden gibt es Weinstein-Backpulver zu kaufen. Es enthält natürliche Weinsteinsäure.

C wie Cardamom: Gewürz für Hefeteige, stets sparsam verwenden.

D wie durchweichen: Obstböden weichen schnell durch. Deshalb dünn mit Butter bestreichen oder mit Backpulver abstreuen.

E wie Ei: Eier stets kühl lagern. Ein frisches Ei hat ein zähflüssiges Eiklar und ein hoch gewölbtes Eigelb.

F wie Fondant: Weiße Zuckerglasur, die nicht über 32 Grad erwärmt werden sollte, ansonsten glänzt sie nicht mehr.

G wie Gelatine: Gibt es als Blattgelatine. Sie wird für ca. 5 Minuten in kaltem Wasser eingeweicht, dann ausgedrückt und schließlich aufgelöst. Klappt auch prima in der Microwelle!
Es gibt auch Pulvergelatine, die gleich in etwas Wasser aufgelöst wird.

H wie Hefe: Biologisches Lockerungsmittel, wird z. B. in handwarmer Milch aufgeschwemmt. Man kann den durchgekneteten Teig mit der Schüssel auf die offene Backtür „zum Gehen“ stellen. Backofen auf 50 Grad vorheizen.

I wie Igel: Wird in Großbäckereien als Stippwerkzeug benutzt. Zu Hause erledigt das die Gabel. Teig, z.B. Hefeteig, vor dem Backen immer mit der Gabel stippen. Teig schlägt dann nicht so schnell Blasen.

J wie Joghurt: Lässt sich hervorragend in Sahnetorten verarbeiten. So spart man Kalorien, und der Kuchen schmeckt gut gekühlt besonders frisch.

K wie Kuvertüre: Sie enthält mehr Kakaobutter als herkömmliche Schokolade. Sie wird als Vollmilch-, Zartbitter- oder weiße Kuvertüre angeboten. Kuvertüre eignet sich hervorragend zum Überziehen von fertigem Gebäck.

L wie Lagern: Backzutaten immer trocken, kühl und dunkel lagern. So behalten sie lange ihre Qualität.

M wie Marzipanrohmasse : Wird aus enthäuteten, gemahlenen süßen Mandeln und Puderzucker hergestellt. Bitter-Mandeln sorgen für den spezifischen Geschmack. Marzipan eignet sich zum Dekorieren für festliche Torten. Gut verpacken, trocknet leicht aus!

N wie Natron: Lockerungsmittel (Natriumbicarbonat) für Lebkuchen, Honigkuchen und Printen.

O wie Ofen: Zum Backen den Ofen stets gut vorheizen! Käsekuchen langsam im geöffneten Backofen auskühlen lassen, damit er nicht „zusammenfällt".

P wie Pistazien: Sind oft das I-Tüpfelchen bei Garnituren, z.B. bei Pralinen und Desserts. Ganz frische Pistazien haben ein kräftiges Grün, ein festes Fruchtfleisch und sind kernig im Biss.

Q wie Quark: Wenn möglich zum Backen Magerquark verwenden. Das spart nicht nur Kalorien, sondern Magerquark lässt sich auch besser verarbeiten.

R wie Rührteig: Unkomplizierter Teig! Immer erst Butter, Zucker und Eier schaumig rühren (je länger, desto lockerer wird der Kuchen) und dann gesiebtes Mehl und Backpulver unterrühren.

S wie Sahne: Verwenden Sie frische Schlagsahne und schlagen Sie sie in einer gut gereinigten, fettfreien und gekühlten Schüssel auf.

T wie Teigrädchen: Damit schneidet man Teigstreifen aus, die gitterförmig auf den Kuchen gelegt werden können. Es gibt Teigrädchen mit gezacktem oder glattem Rand.

U wie Unterhitze: Zuviel Unterhitze ist der Feind des Kuchens! Der Kuchen wird zu dunkel von unten, ohne durch zu sein. „Schwarze Füße" schmecken keinem.

V wie Vanille: Verwenden Sie Vanille aus einer frischen Vanille-Stange. Schote einfach der Länge nach aufschneiden und mit einem scharfen Messer Mark heraus kratzen. Sie werden den Unterschied schmecken.

W wie Waage: Sie ist für das genaue Abwiegen der Zutaten unerlässlich. Sie sollte auf 5 g genau und bis mindestens 1 kg abwiegen können. Messbecher sind vor allem für Flüssigkeiten geeignet.

X, Y und Z wie Zucker: Ist zuständig für die Bindung und Porung von vielen Teigen. Leider auch eine Kalorienfalle. Nehmen Sie einfach etwas weniger, als im Rezept angegeben oder verwenden Sie Honig oder Dicksaft. Zucker immer trocken aufbewahren, denn Zucker zieht Wasser an.

Auf die Rührschüssel fertig los!

Bevor Sie den Backlöffel schwingen, lesen Sie sich das Rezept in aller Ruhe durch.
Stellen Sie dann alle Zutaten und Geräte griffbereit hin. Auch kleine Löffel, Teigschaber oder Backpapier sollten mit einem Griff parat sein.
Wiegen Sie alle Zutaten möglichst genau ab.
Die Backzutaten sollten die gleiche Temperatur bei der Verarbeitung haben. Nehmen Sie z.B. 1/2 Stunde vor Backbeginn die Butter oder Margarine und die Eier aus dem Kühlschrank.
Fetten Sie die Backformen immer gut ein. Empfehlenswert: Pinseln Sie Springformen mit flüssigem Fett ein.
Heizen Sie Ihren Backofen immer gut vor (10 bis 15 Minuten).
Und behalten Sie ihn während des gesamten Backvorgangs immer im Auge.

Eine alte Backweisheit besagt, die Ofentür während der ersten 10 bis 20 Minuten Backzeit nicht zu öffnen. Beherzigen Sie diese Regel.
Die fertigen Böden, Kuchen und auch Napfkuchen werden grundsätzlich noch warm aus der Form genommen.
Stülpen Sie dazu ein nasses und kaltes Handtuch über die Form. So lässt sich der Kuchen kinderleicht lösen.
Die im Buch angegebenen Temperatur- und Backzeiten müssen je nach Backherd daheim abgestimmt werden.

Abkürzungen im Buch:

g = Gramm
Tl = Teelöffel
El = Esslöffel
ml = Milliliter

Alphabetisches Register

Apfel-Sangria-Torte 10

Baumkuchen 52
„Blitz"-Mandelkuchen 16
Buttermilchkuchen 30

Engelkuchen 27

Feiner Apfelkuchen 44
Förstertorte 46
Fräulein Poldys Schokoladenbrot 22

Honigkuchen 53

Inges Ideal-Torte 6

Leichte Käsetorte 36

Mandelplätzchen 54

NDR 1 Radio MV Sonntagskuchen 48
Nuss-Sahne-Torte 28
Nusstorte 23

Obstboden 42
Ostseewellentorte 8

Quark-Krümelkuchen 20
Quark-Öl-Teig 33
Quarkstollen 50

Rahm-Streusel-Kuchen 34

Sanddorntorte 14
Schmandtorte 40
Schüttelkuchen 39
Susis Rotweinkuchen 12

Vanillekipferl 56

Wasserpretzel 38
Wattekuchen 32

Zebra-Kuchen 24
Zitronentorte 18
Zuckerkuchen 26

Die Reporterin

Kerstin Hohendorf wurde 1965 in Niedersachsen geboren, studierte Politikwissenschaft. Seit 1991 lebt sie in Schwerin und fühlt sich mittlerweile als „Fast-Mecklenburgerin“.
Die Radiofrau bekennt freimütig: „Ich bin ein Krümelmonster und liebe Kuchen. Besonders Apfelkuchen mit Zimt und Rosinen und einem ordentlichen Schlag Sahne.“ Es liegt also nahe, dass sie vor gut zwei Jahren die Backserie „Der NDR 1 Radio MV Sonntagskuchen“ ins Leben rief. Alle Rezepte wurden nicht nur einmal zu Hause am heimischen Herd mit großer Freude nachgebacken.

Die Fotografin

Christine Becker wurde 1956 in Wismar geboren, absolvierte eine Fotografenlehre und von 1977 bis 1982 ein Studium an der Hochschule für Grafik und Buchkunst in Leipzig, Fachrichtung Fotografie. Von 1985 bis 1989 war sie als Mitglied des VBK/DDR freischaffend tätig. Zahlreiche Personalausstellungen fanden in den Jahren 1982 bis 1989 statt, und Christine Becker beteiligte sich an vielen nationalen und internationalen Ausstellungen. 1990/91 erhielt sie ein Stipendium des Künstlerhauses Lauenburg/Elbe und 1995 eine Personalausstellung. Seither arbeitet sie für die Werbung, für Prospekte, Kataloge und fertigt freie Arbeiten an. Von 1989 bis 1999 entstanden mehrere Editionen, so fotografierte sie z.B. für das Kochbuch zur beliebten Fernsehserie des Nordmagazins auf N3 „Der Topfgucker“, das im Jahre 2001 erschien.

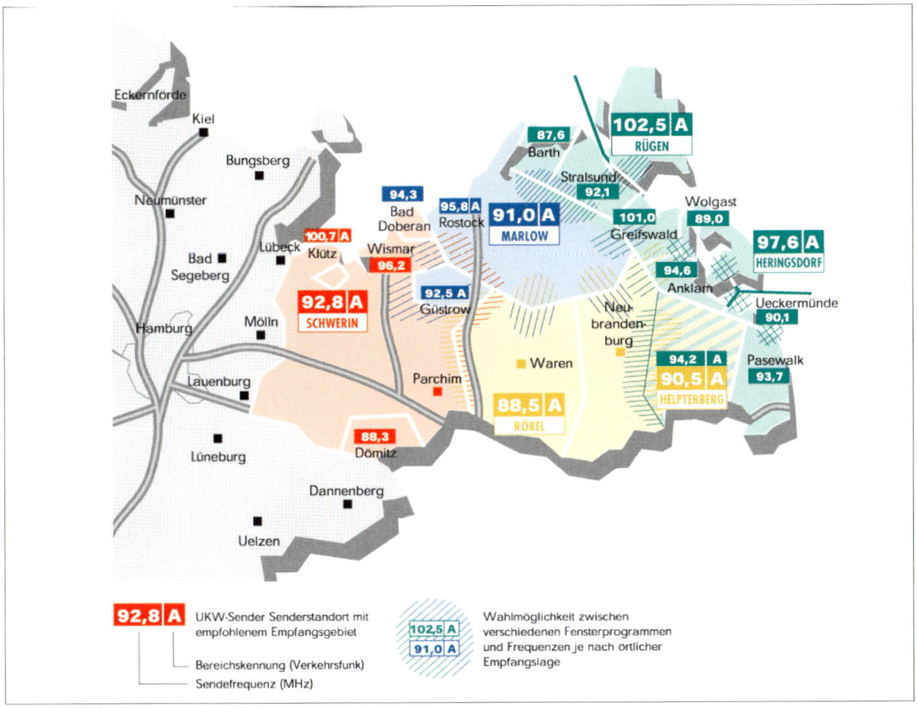

Hörer aus diesen Orten schickten uns ihre in diesem Buch veröffentlichten Lieblingsrezepte.

Inhalt

Vorwort *Seite 5*

Rezepte *Seite 6*

Unser kleines Back-ABC *Seite 58*

Auf die Rührschüssel fertig los! *Seite 60*

Alphabetisches Register *Seite 61*

Die Reporterin *Seite 62*

Die Fotografin *Seite 62*

Karten *Seite 63*